AF337726

APERÇU

DE LA

MÉTHODE GÉOGRAPHIQUE

OU

DIVISION NATURELLE DE LA SURFACE DE LA TERRE,

DANS SES RAPPORTS GÉNÉRAUX AVEC LA GÉOLOGIE, LA PHYTOLOGIE, LA ZOOLOGIE, L'ETHNOLOGIE, LA RELIGION, LA POLITIQUE ET L'HISTOIRE;

ACCOMPAGNÉ DE TROIS CARTES GÉOGRAPHIQUES,

REPRÉSENTANT UN PLANISPHÈRE, L'OCÉANIDE ET L'ATLANTIDE;

Par N. DALLY,

ANCIEN PROFESSEUR A L'ATHÉNÉE ROYAL DE BRUXELLES, MEMBRE DE LA SOCIÉTÉ ASIATIQUE DE PARIS, DE CELLE DES SCIENCES DU HAINAUT, ETC.

A PARIS,

CHEZ WAILLE, LIBRAIRE-ÉDITEUR,

RUE CASSETTE, 6,

ET CHEZ L'AUTEUR, RUE DU POT-DE-FER, 2.

1844.

Il nous a toujours semblé qu'une vraie méthode géographique non-seulement nous donnerait une idée moins incomplète des phénomènes physiques et des lois qui président à la distribution géographique des terrains, des plantes, des animaux et des races humaines, mais qu'elle nous offrirait encore les véritables éléments d'une classification scientifique.

Or, en réalité, il n'existe point encore de vraie méthode géographique.

Il ne s'agit point ici de combiner des éléments fictifs pour établir une nouvelle méthode; cette méthode nous est donnée par la configuration naturelle, par la physionomie propre de la surface de la terre.

Mais, pour connaître cette physionomie, pour la reproduire au besoin, en nous et hors de nous, avec exactitude, il fallait d'abord dégager toute la masse terrestre de ses idées de rapports avec l'orométrie, l'hydrographie, la géologie et la géogénie, pour n'y considérer abstractivement que les simples lignes horizontales qui coïncident avec les faîtes de toutes les hauteurs sous la forme d'un réseau continu, dont les mailles irrégulières enveloppent la surface entière du globe, au fond des eaux comme au fond de l'atmosphère. Les rapports de ces lignes entre elles déterminant leurs positions respectives et les cases géographiques qu'elles forment, tout en les rangeant dans de certains degrés de subordination entre elles, il devenait facile de constater cet ordre général, et de rapporter tous les phénomènes aux divisions particulières dans lesquelles ils se manifestent.

Mais ici se présente, dès l'abord, une grande difficulté. En effet, bien que les matériaux recueillis, depuis quelques années surtout, aient immensément enrichi le domaine de la géographie, il ne faut pourtant pas se le dissimuler, la surface terrestre est encore fort peu connue. Un très-petit nombre de contrées ont été relevées topographiquement ou avec assez d'exactitude, pour que l'on puisse assurer que les meilleures cartes représentent bien le relief de chaque pays, la forme, la position et la direction des saillies, les angles sous lesquels elles s'articulent, l'obliquité et la longueur de leurs pentes, la position des principaux lieux, celles des sources de tous les cours d'eau, l'altitude du sol, de ses aspérités, de ses mouvements... Sans le relevé de tous ces éléments géographiques, on ne peut espérer de parvenir jamais à connaître entièrement la surface de la terre, ni d'en tracer des cartes qui soient comme des images réduites de cette surface.

Cependant, quelque peu complètes que soient nos connaissances géographiques dans les détails, elles le sont assez dans l'ensemble des faits principaux, pour qu'il soit aujourd'hui possible de jeter les premières bases d'une théorie élémentaire du système naturel de la configuration du globe.

Dans tous les temps, dans tous les pays où l'esprit humain s'est le plus développé, on a senti le besoin de classer méthodiquement ces formes extérieures. Plusieurs tentatives ont été faites diversement. Mais ces classifications étaient partielles, sans liaison avec l'ensemble, toujours embarrassées d'éléments contraires, et présentaient ordinairement une complexité ef-

frayante dans la conception, la forme, les détails et la nomenclature. Aucune n'est passée à l'état de fait méthodique. (*Notes*, 1.)

Toutefois ces travaux ne furent pas sans utilité réelle pour
les progrès de la science. On y reconnut du moins ce qui restait à faire pour parvenir enfin au résultat que l'on cherchait.
Nous l'avons entrepris. L'esquisse que nous en publions est
imparfaite sans doute ; mais la base sur laquelle elle s'appuie,
primordiale et absolue, est peut-être la seule fondamentale que
l'on puisse concevoir, la seule qui puisse nous donner une idée
exacte et complète des formes extérieures de la terre, et nous
fournir un moyen de classer enfin géographiquement la plupart de nos connaissances.

Dans la nature tout est classé selon cet ordre géographique,
et les hommes ne l'ont point encore suivi dans leurs classifications scientifiques, qui, pour cela sans doute, attendent toujours des bases satisfaisantes.

Il faut pourtant bien le reconnaître, cet ordre a été généralement observé dans la répartition des missions catholiques, et
c'est le seul fait de ce genre que nous puissions citer : soit que
la foi donne plus de grandeur et des bases plus certaines à nos
conceptions et à nos actes, ou qu'elle soit le seul centre spirituel, immuable, autour duquel gravitent et se développent
incessamment toutes les choses humaines, la haute pensée qui
a distribué le monde aux ouvriers du Seigneur a confié à chaque
mission une partie de la surface terrestre, comme si cette surface eût été intuitivement conçue à peu près selon les divisions
naturelles que nous allons tracer. Nous ne pouvions passer ce
fait sous silence ; il est bien juste que nous en glorifiions l'esprit
chrétien, qui le premier a porté, avec le flambeau de l'Évangile, la lumière au milieu des ténèbres qui enveloppaient
l'œuvre mystérieuse du Créateur.

Nous nous empressons aussi de le reconnaître, si ce simple
aperçu méthodique peut contribuer à rendre à la géographie

toute la précision, l'attrait et la dignité qu'elle mérite à tant de titres, si les déductions physiques et historiques que nous en faisons ont réellement quelque importance, nous en sommes redevable aux savantes observations, aux grandes vues théoriques de MM. Elie de Beaumont, A. de Humboldt, Ritter, Walkenaer, Denaix, et de quelques autres géologues et géographes célèbres, qui nous en ont fourni les principaux éléments, et nous ont encouragé par leurs mémorables travaux.

Du reste, notre intention n'est point de faire ici un traité complet de la méthode géographique, mais seulement de donner un aperçu de cette méthode, une idée générale de la division naturelle de la surface de la terre, et d'indiquer comment il nous a semblé que presque toutes les connaissances humaines et les grands événements qui s'accomplissent chaque jour se coordonnent nécessairement à cette division naturelle.

Un tel fait appelle des recherches nouvelles, des vérifications multipliées et sévères de la part des hommes spéciaux, et c'est dans ce seul but que nous offrons au public ce résumé de nos premières observations.

SURFACE DE LA TERRE.

DIVISION. — THÉORIE.

Soit d'abord représentée la surface de la terre sur une surface plane (*Carte* n° 1).

En considérant le cours des fleuves qui se rendent, d'un côté dans l'océan Pacifique, où viennent se fondre les flots glacés du pôle sud, et de l'autre dans l'océan Atlantique, où descendent les effluves du pôle boréal, on reconnaît tout d'abord que la partie de la surface de la terre qui est soulevée comme une montagne au-dessus de l'Océan est composée de deux plans de pente généraux adossés l'un à l'autre, et formant à leur ligne de jonction l'immense arête d'une chaîne de montagnes. Aucun cours d'eau ne la traverse, et sur ses pentes jaillissent de chaque côté les sources des fleuves dont les embouchures sont dans l'un et dans l'autre océan.

On donne à cette arête le nom de LIGNE DORSALE DU GLOBE, parce qu'elle représente comme la ligne qui passerait par l'épine du dos d'un animal, par la soudure de deux fractions d'un même corps, fractions semblables, mais spécifiquement différentes dans toutes leurs conditions relatives. (*Notes*, II.)

Un moment interrompue au détroit de Béring, elle se développe, à partir de ce point, au sud-sud-est, sous le nom général de *Cordilière*, dans toute la longueur des deux Amériques, du cap Occidental au cap Forward, et au sud-ouest, sous des noms divers, par le milieu de l'Asie et de l'Afrique, qu'elle coupe également dans leur plus grande longueur, du cap Oriental au cap de Bonne-Espérance.

En donnant à chacune de ces deux parties distinctes de la ligne dorsale le nom de *Cordilière*, on pourrait appeler l'une *Cordilière* du nouveau continent, et l'autre *Cordilière* de l'ancien continent.

Nous pourrions décrire ici la ligne dorsale dans ses principales sinuosités ; mais cette description donnerait trop d'étendue à notre texte. Il suffira pour le moment de la tracer sur nos cartes, et d'y marquer ses dénominations locales, pour autant que le permettront les petites dimensions de ces cartes. Nous plaçons dans les *Notes* quelques observations de détail.

De ce premier grand trait configuratif, base unique du système naturel, résultent nécessairement deux divisions générales de la surface de la terre.

La PREMIÈRE DIVISION embrasse tout le bassin de l'océan Pacifique, que nous appellerons OCÉANIDE OU MONDE ORIENTAL.

Elle comprend :

1° Le versant oriental de l'ancien continent en Asie et en Afrique ;

2° Toutes les îles de l'océan Pacifique réunies sous la dénomination d'*Océanique ;*

3° Le versant occidental du nouveau continent ou des deux Amériques.

La DEUXIÈME DIVISION forme le bassin de l'océan Atlantique, que nous nommerons ATLANTIDE OU MONDE OCCIDENTAL.

Elle comprend :

1° Le versant occidental de l'ancien continent en Asie, en Europe et en Afrique ;

2° Toutes les îles de l'océan Atlantique réunies sous le nom d'*Atlantique ;*

3° Le versant oriental du nouveau continent.

D'abord quelques observations sur cette nomenclature nous paraissent indispensables. Nous employons le terme d'*Atlantide* pour désigner le monde Occidental, et celui d'*Atlantique* pour l'ensemble des îles baignées par l'océan Atlantique. Ces termes nous ont paru justes : ils expriment ce qu'ils signifient réellement. Les *Atlantes* étaient chez les anciens le nom général des peuples de l'Occident par rapport à l'Asie, et ce nom n'a peut-être pas étymologiquement une autre signification.

Quant au terme *Océanique*, dont on se sert depuis quelques années seulement pour désigner une partie des îles de l'océan Pacifique, il devrait embrasser dans sa signification toutes les terres du globe, puisque l'ancien et le nouveau continent ne sont que deux grandes îles surgissant, comme les plus petites, à la surface de l'Océan qui baigne toutes les terres émergées. Ce terme est donc doublement vicieux dans son emploi : d'abord, parce qu'on le restreint aux seules îles de l'océan Pacifique; ensuite, parce qu'on ne lui fait comprendre qu'une certaine partie de ces îles. Si donc nous n'avons pas cru devoir le changer, nous lui avons du moins conservé toute l'étendue de sa signification dans le sens restreint qu'on lui a donné. L'Océanique, honteusement dépouillée à ses extrémités, se ramassait refoulée, concentrée dans ses archipels intérieurs. En lui rendant toutes les îles qui sont parsemées sur son vaste sein, en lui rendaut tout ce qui lui appartient en réalité, nous la représentons, pour la première fois, dans toute sa grandeur, dans toute sa forme, dans toute sa beauté naturelle.

Nous avons préféré le nom d'*Océanique* à celui d'*Océanie*, par opposition à celui d'*Atlantique*. Nous avons aussi introduit le terme d'*Océanide*, par opposition à *Atlantide*.

Les géographes chinois ont été conséquents dans le choix des noms qu'ils ont donnés à l'océan Pacifique et à l'océan Atlantique. L'un est pour eux le *grand océan Oriental* (Ta-Toung-Yang), et l'autre le *grand océan Occidental* (Ta-Si-Yang) ; et ces noms désignent, en général, les pays orientaux et les pays occidentaux.

Or, c'est aussi du point de vue asiatique que nous avons adopté les dénominations de *monde Oriental* et de *monde Occidental*; toutefois, les termes d'*Océanide* et d'*Atlantide*, indépendants d'une station quelconque, nous paraissent plus complets, plus caractéristiques.

Ainsi, c'est du sein de l'immense Océan qu'émergeut l'un et l'autre continent, jusqu'aux majestueuses montagnes dont la ligne de faîte trace la ligne d'intersection, la limite commune des deux vastes bassins qui comprennent toute la surface de la terre. Leurs limites à travers l'Océan seront indiquées plus loin.

De cette arête de séparation des deux mondes partent des arêtes latérales, qui s'en vont sinuant dans le sens des plus grandes largeurs de la dilatation continentale. Tantôt elles arrivent jusqu'à la mer, où elles forment des presqu'îles, des promontoires, des caps; tantôt elles s'arrêtent, plus ou moins abruptes, au milieu des terres, ou s'affaissent et s'épanouissent au niveau d'un plateau, d'une plaine ou d'une vallée.

De ces dernières arêtes s'en dégagent d'autres encore qui reprennent la direction longitudinale, et donnent naissance à de nouvelles lignes, qui suivent de nouveau le sens latitudinal des continents.

Si donc on assignait à toutes ces arêtes un rang par rapport à leur subordination successive, la chaîne dorsale étant de premier ordre, les autres seraient successivement de deuxième, de troisième, de quatrième ordre, et ainsi de suite. Les arêtes de nombre impair sillonneraient la surface de la terre dans ses dimensions longitudinales, et celles de nombre pair dans ses dimensions latitudinales.

Toutes ces arêtes, quelles que soient leurs hauteurs, leurs formes, leur nature géologique, les causes et les époques cosmogoniques de leur formation, s'articulent généralement entre elles à angles droits ; dans leur développement elles ondulent ou se brisent, selon les obstacles que la force de soulèvement ou de dépression a rencontrés dans les entrailles de la terre.

La configuration oréographique des îles, continents à petites dimensions, reproduit exactement celle des plus grandes masses continentales.

Les montagnes qui paraissent isolées et les îles à forme conique se rattachent à quelque chaîne de montagnes voisines.

Les hauteurs qui ont été formées par voie d'alluvion ou d'atterrissement ou de dépression, et celles qui sont dues au travail incessant des zoopyhtes de l'Océan, se coordonnent à l'ensemble des montagnes formées par voie de soulèvement ou de dépression. (*Notes*, III.)

En considérant toutes ces lignes oréologiques dans leurs rapports entre elles et avec les faits physiques et les faits historiques, nous disons : Il existe, dans l'un et dans l'autre bassin, sur chacune des parois opposées, comme au fond de chacun des deux océans, un système naturel continu d'arêtes coordonnées entre elles et avec l'arête dorsale, et enveloppant, sous des formes variées, des plaines, des plateaux, des vallées de tous aspects, de toutes dimensions, espèces d'alvéoles géiques où fonctionnent l'homme, les animaux et les plantes, circonscrits chacun selon son espèce, sa race, sa tribu, sa famille, et dans le rapport des fonctions des deux grandes divisions de la terre avec celles de la terre entière dans le système de l'univers ; en sorte que la raison fonctionnelle de toutes les créatures, tant organiques qu'inorganiques, est nécessairement proportionnelle avec la fonction de l'univers dans l'espace et le temps, pour la fin que le Créateur lui a posée dès l'origine.

Donc la configuration de la surface du globe n'est point le résultat du hasard ou de la fatalité ; cette configuration est nécessaire, et elle nous révèle manifestement la toute-puissance, la suprême intelligence, la bonté infinie de Dieu, qui, dans le plan primitif de la création, projeta la terre dans l'espace, en modifia et continue d'en modifier insensiblement les formes polyédriques, selon les conditions les plus favorables au développement des faits et à l'accomplissement des destinées des êtres qui devaient y habiter.

Cette théorie générale étant posée, passons d'abord rapidement en revue quelques points de la dorsale, où se sont accomplis et où s'accomplissent encore aujourd'hui les événements les plus importants, ceux qui réagissent le plus mystérieusement, mais aussi le plus efficacement, sur l'ensemble des agroupements politiques de l'Orient et de l'Occident.

D'abord le cap Oriental et le cap Occidental sont les deux points de l'extrême nord des deux continents, entre lesquels les populations de l'une se sont déversées dans l'autre ; ce sont les points les plus rapprochés par lesquels ces populations, voyageant à travers des déserts immenses et encore inconnus, échangent, depuis les temps les plus reculés, les produits de leurs industries respectives.

En Asie, le nœud de Kenteï fut toujours le centre principal de gravitation de toutes les tribus sibériennes, mongoles et mandchoues.

Autour des hautes cimes neigeuses des Nan–Chan, on voit dans les anciens temps de grandes tribus, dites germaniques, dresser leurs tentes contre les tentes de la race jaune ; on y voit se formuler les événements les plus remarquables de l'histoire de la Chine et de la Tartarie.

C'est dans l'énorme massif du Kouen-Lun oriental, que paraît avoir été l'une des plus anciennes stations des *cent familles* qui s'avancèrent à l'est, pour prendre possession du territoire de la Chine actuelle.

C'est autour du plateau de Pamir, du haut duquel on voit, comme du dôme du monde, disent les habitants de ces lieux, s'abaisser toutes les autres contrées de l'Asie ; c'est à Khotan, à Kachmyr, à Balkh, à Bamyan, que paraît avoir été l'un des plus anciens foyers de la civilisation et des schismes primitifs de la religion révélée. — Là fut aussi le centre des luttes fameuses entre les peuples du Tourân et de l'Irân ; là, le but principal des expéditions de Sésostris ; là, le nœud des opérations militaires d'Alexandre ; et de là à Erzeroum la grande ligne politique actuelle de l'action russe d'un côté et de l'action anglaise de l'autre.

L'Ararat est toujours vénéré comme le refuge de l'arche sainte, dernier espoir du genre humain.

Le Taurus et les montagnes de Syrie, barrière transversale que le

Tout-Puissant a soulevée entre l'extrême Orient et l'extrême Occident, ont été le théâtre des événements les plus mémorables.

En effet, c'est sur toute cette ligne que la Rome païenne a vu expirer sa puissance. Mais ce que l'on n'a pas assez remarqué, c'est aussi vers cette ligne que se sont avancées les armées chinoises, 121 ans avant l'ère chrétienne et 80 ans après cette ère. La Perse, fidèle à son alliance avec la Chine, comme à sa haine contre Rome, était alors le seul État qui séparât le *Thsin* (la Chine) du *Ta-Thsin* (l'empire romain). C'étaient deux vastes systèmes de despotisme, de rapines et d'iniquités qui déjà, des extrémités des deux mondes, se recherchaient mutuellement, à leur insu, tandis qu'au sud, l'Inde antique faisait entendre ses dernières voix poétiques et savantes, et qu'au nord, passaient les fils du désert, *Tartares* qui allaient châtier les uns en Orient, *Barbares* qui allaient châtier les autres en Occident. Tout périssait alors avec le polythéisme...

C'est là qu'à cette époque se sont fermés les siècles de la Promesse, et que se sont ouverts ceux de l'Accomplissement. Ici, sur la colline de Bethléem, qui fait partie de la dorsale du globe, est l'origine de la Rome chrétienne, le berceau du SAUVEUR, qui vint apporter la vérité sur la terre. Car la vérité ne saurait être humaine, c'est-à-dire divisible, périssable, finie : elle est une, catholique, éternelle ; elle procède de Dieu ; Dieu seul pouvait la donner, et il Lui a plu de la donner aux deux mondes du haut de l'une des plus humbles collines qui les séparent ! C'est sur cette terre sainte que Jésus-Christ a laissé aux apôtres la mission de répandre.l'Évangile sur toute la surface du globe. Et voyez : le fait solennel de l'accession progressive de tous les peuples aux dogmes et à la morale de l'Évangile prouve que l'espèce humaine tout entière, quelles que soient la race et les influences géographiques, est également accessible à la vérité.

C'est autour de ces mêmes montagnes que l'islamisme campa dès le sixième siècle.

Au onzième, les Croisés y vinrent des extrémités de l'Occident, et, vers la même époque, les Mongols-Chinois s'y précipitèrent du bout de l'Orient. Or, on sait quelle fut la mission des envoyés de saint Louis dans la Tartarie, et celle des députés mongols au deuxième concile de Lyon. La question fut remise ; les temps n'étaient pas venus.

Au seizième siècle, l'expansion de l'Europe chrétienne fut universelle. L'Atlantique et l'Océanique furent franchis, et les deux grands continents enlacés de puissantes étreintes. Des rivages de l'un et de l'autre océan, on remonte insensiblement leurs versants jusqu'à leur arête commune ; et par les choses secondaires qui se passent en ce moment même en deçà et au delà de cette arête, il s'y prépare peut-être encore, dans un prochain avenir, de nouvelles formes constitutives pour les peuples de l'un et de l'autre monde. En attendant, les montagnes de Syrie ont été négligées ; il le fallait bien : la question n'était plus provisoirement que spécieuse sur ce point de la dorsale. Elle s'élabore par toute la terre ; et pendant que tous les Etats de l'Orient cèdent, bon gré, mal gré, à l'ascendant chrétien, le sulthanat d'Orient et d'Occident, l'empire turc, jadis si puissant sur l'axe des deux mondes, aujourd'hui lambeau politique inutile entre l'Europe et l'Asie, achève de s'user au souffle incessant des idées européennes.

En Afrique, le plateau éthiopien du Habesch est un autre foyer d'ancienne civilisation, celui de la *mauvaise race de Kousch*, qui fonda Axum, qui fut la mère de Méroé, qui fut la mère de Thèbes.

Plus loin, le plateau de Naréa et celui de Donga sont aussi fameux par les luttes perpétuelles des peuplades de l'un et de l'autre versant.

Plus au sud, le relief longitudinal de l'Afrique est inconnu ; mais la colonie du Cap, assise sur les deux pentes de l'extrémité de la dorsale, est, certes, dans la résolution des grands mouvements politiques de notre époque, une des positions les plus importantes.

Tels sont quelques-uns des faits historiques principaux qui se rapportent à quelques points de la Cordilière de l'ancien continent.

Dans le nouveau continent, on a aussi signalé le plateau d'Anahuac, les montagnes de Guatémala, le plateau de Condinamarca, celui de Titicaca, comme des points de la Cordilière où les développements de la civilisation américaine et les événements les plus remarquables se sont formulés dans les anciens temps, et, ce qui a surtout excité l'attention des historiens, à des époques qui paraissent être contemporaines de celles de développements et d'événements semblables dans l'ancien continent.

Nous nous résumerons en peu de mots : si l'histoire des peuples de l'Orient et celle des peuples de l'Occident, si l'histoire de la civilisation orientale et celle de la civilisation occidentale se sont accomplies dans les limites de leurs bassins respectifs, l'histoire générale, c'est-à-dire la raison des rapports qui existent entre ces deux grandes formes de la civilisation, a nécessairement oscillé, à l'insu des acteurs, et comme par l'effet d'une puissance irrésistible supérieure, autour de l'axe longitudinal de la chaîne dorsale du globe, d'une manière permanente, mais plus manifeste à des époques qui reviennent successivement dans une certaine périodicité.

Or, cette observation générale s'applique aussi à tous les phénomènes, à tous les faits qui sont du domaine de l'histoire de la terre, comme de celui de l'histoire de l'homme, et nous aurions, par exemple, la *Géologie spéciale de l'Orient,* et *celle de l'Occident,* plus la *Géologie générale* ou la raison des rapports de l'une à l'autre.

Nous allons indiquer d'autres applications générales de ce nouveau principe de physique et d'histoire, et nous dirons comment il nous paraît fondé dans la nature même des choses.

OCÉANIDE ET ATLANTIDE

MONDE ORIENTAL ET MONDE OCCIDENTAL.

Soit donc coupé le sphéroïde terrestre par un plan vertical suivant le mouvement de la ligne dorsale, il se trouvera ainsi partagé dans ses deux grandes divisions, et nous aurons l'Océanide représentée par la *Carte* n° 2 et l'Atlantide par la *Carte* n° 3.

Nous avons adopté la projection cylindrique développée pour la surface comprise entre les deux cercles polaires, et la projection sphérique depuis ces cercles jusqu'aux pôles.

Nous remarquerons d'abord que les extrémités septentrionales des deux grands continents se rapprochant au détroit de Béring, sous le cercle polaire Arctique, pour s'écarter considérablement à leurs extrémités méridionales, ces deux grandes masses arides forment entre elles une surface conique dont l'axe est à peu près perpendiculaire au plan de l'écliptique. C'est vers l'extrémité de cet axe, au détroit même, qu'infléchissent les lignes *isothermes* ou d'égale température annuelle, dans l'un et dans l'autre bassin océanique. Or la dilatation longitudinale des deux grands continents est déterminée par l'axe de soulèvement de la chaîne dorsale : les lignes isothermes sont primordialement parallèles à cet axe, tandis que les lignes *isothères* et *isochimènes* ou d'égale température estivale et hivernale sont généralement parallèles aux axes des chaînes de deuxième ordre.

Ces deux projections différentes, ainsi combinées, nous ont permis de conserver assez exactement la situation, la forme et la grandeur corrélatives de chaque partie de la surface terrestre, et de présenter sous un même coup d'œil l'ensemble de chacun des deux bassins principaux, dans lesquels s'épandent les deux grandes masses océaniques, respectivement alimentées par leurs effluves polaires.

Quant aux limites océaniennes des deux mondes, au sud, elles suivraient le méridien qui passe, d'un côté, par le cap de Bonne-Espérance, et, de l'autre, par le cap Forward, jusqu'aux terres polaires Antarctiques. Au nord, elles prendraient à revers le détroit de Béring, entre le cap Oriental et le cap Occidental.

Ces lignes ont-elles quelque réalité dans la nature? nous le présumons. Si nous nous en rapportons à certaines observations faites par de savants explorateurs, elles seraient dirigées dans le sens général du développement sous-marin de la chaîne dorsale du globe; elles marqueraient, selon toute apparence, à peu près les limites des différences observées entre les grands courants atmosphériques, les grands courants maritimes, la nature des eaux de l'océan Pacifique et de l'océan Atlantique, les caractères des animaux et des plantes qui peuplent de leurs espèces variées les profondeurs de ces deux océans. Prolongement des extrémités de la ligne dorsale du globe, ces lignes océaniennes traceraient donc, comme le fait celle-ci pour les terres émergées, les limites générales des caractères spécifiques qui différencient les deux mondes dans leurs éléments physiques, aussi bien que dans toutes les créatures qui y vivent et en subissent les influences.

Ces différences se manifestent d'une manière bien évidente dans les caractères physiques du sol, dans l'aspect général de la physionomie comparée de chacun des deux bassins principaux. Voyez en effet comme toute la masse opaque soulevée semblant, pour ainsi dire, contractée dans le sens de l'axe du globe, la chaîne dorsale se courbe dans une certaine obliquité par rapport à cet axe, et resserre de ses vastes anneaux toute l'Océanide vers le sud. Elle présente ses deux longues parois arides, sous l'aspect d'une bande étroite vers l'océan Pacifique, qui s'épand au fond de la vallée comme une immense nappe lacustre, presque circulaire. L'Atlantide, au contraire, a ses deux versants principaux tournés au nord-ouest et au nord-est; ils sont aussi beaucoup plus dilatés en largeur; l'océan Atlantique qui roule ses flots entre ses deux rivages opposés est fort resserré, et ne présente plus la forme d'un grand lac, mais celle d'un grand fleuve, dont les sources seraient au nord.

Ces différences configuratives dans la position, l'exposition et l'étendue des deux grandes vallées qui composent toute la superficie de la terre, résultent nécessairement du système naturel des saillies de la surface et de la charpente intérieure du globe. Elles ont dû, on le conçoit facilement, imprimer à chacun des deux mondes des différences spécifiques nombreuses et variées, non-seulement dans tous leurs caractères physiques, mais aussi dans tous les phénomènes semblables qui s'y manifestent : tous les phénomènes généraux semblables doivent présenter, dans l'un et dans l'autre, des traits particuliers qui les individualisent dans un même genre, comme les deux fractions semblables de la terre sont individualisées dans un même corps. Mais dites-nous : dans quel lieu ces deux individualités se trouvent-elles en contact définitif ; dans quel lieu doivent se terminer les manifestations phénoménales de chacun des deux mondes, se formuler les luttes les plus puissantes de leur activité propre, se réaliser les rapports les plus intimes entre les fonctions symétriques de chacune des deux grandes fractions de la terre et de leurs habitants ; dites-nous où peut et doit se rencontrer, pour ainsi dire, la résultante de ces deux fonctions spécifiques, sinon autour de l'axe qui en établit la démarcation commune, sur ce terrain neutre où fut toujours le champ de bataille de l'Orient et de l'Occident, le théâtre des scènes les plus mémorables dans lesquelles les histoires spéciales de ces deux mondes se sont harmonisées dans l'unité de l'histoire de l'humanité ? — Enfants émigrés d'un même berceau géographique vers des points opposés, ne semblerait-il pas que, si nous y revenons à de certaines époques, avec tant d'orgueil et de haine, chargés des richesses intellectuelles que nous avons accumulées dans nos pérégrinations lointaines, ce n'est réellement que dans un but différent de celui que nous nous proposons ; ce n'est en définitive que pour faire de ces richesses un échange réciproque au profit de la famille, de l'espèce tout entière. Ainsi Dieu dans sa justice fait tout servir, le mal comme le bien, aux fins généreuses que sa providence a déterminées d'avance, et dont il avait proposé, par le lien céleste de la charité, la réalisation pacifique à notre intelligence, à notre cœur, à notre volonté !

Platon, Aristote et Strabon prétendent que les hommes, les animaux et les plantes ont longtemps habité les montagnes avant de se répandre dans les plaines et sur les côtes. Lacépède et Ramond cherchent aussi à établir que les grandes chaînes de montagnes sont autant de centres d'où la population végétale, aussi bien qu'animale, s'est répandue sur le reste du globe. S'il en est ainsi, pourquoi la chaîne dorsale qui, non-seulement par sa position, mais aussi par ses dimensions, est la plus importante de toutes les autres chaînes, ne serait-elle pas le centre des centres, la chaîne primordiale d'où la vie organique se serait disséminée sur ses deux grandes pentes latérales ?

Maintenant, il nous resterait à tracer les lignes oréologiques de deuxième ordre, c'est-à-dire celles qui rayonnent à droite et à gauche

2

de la dorsale, sur les parois opposées des deux grandes vallées océaniques. On aurait ensuite à faire ressortir la correspondance symétrique de ces chaînes de deuxième ordre, surtout dans la partie centrale de l'Asie. On y reconnaîtrait qu'après avoir solidifié la large base du Kouen-Lun, d'un côté dans la direction est, à contre sens de cette arête primordiale, et de l'autre dans la direction ouest, parallèlement à la même arête, les chaînes de deuxième ordre prennent invariablement d'un côté la direction sud et de l'autre la direction nord, qui sont bien celles de la plus grande largeur de cette partie de l'ancien continent. C'est, selon nous, par suite de l'inobservation de cette correspondance symétrique des chaînes secondaires de l'Asie centrale, que l'on a porté sur cette grande région tant de considérations physiques, qui, pour paraître fondamentales et absolues, ne sont généralement au fond qu'accessoires et subordonnées. Mais le peu d'étendue de notre cadre ne nous permet pas ces détails ; nous nous contenterons d'indiquer les principales lignes sur nos petites cartes.

On pourrait ici remarquer que, si la ligne dorsale du globe ou de premier ordre est la limite de séparation des deux mondes, dans tout ce qui les constitue comme deux individualités distinctes, les lignes oréologiques de deuxième ordre combinées avec celle de premier ordre, marquent les limites physiques des contrées principales de chaque versant, celles des principales variétés de terrains, de plantes, d'animaux et des races humaines, et même les lignes de démarcation politique des principaux États qui se partagent les deux versants généraux de chaque bassin. On remarquerait aussi que, si l'espèce humaine s'est répandue sur toute la terre selon le développement de la chaîne dorsale, les races et leurs tribus différentes ont rayonné dans leurs émigrations, depuis cette chaîne, en suivant les chaînes secondaires, jusqu'aux extrémités continentales qui plongent d'un côté dans l'océan Atlantique, de l'autre dans l'océan Pacifique, océans qu'elles ont ensuite franchis pour aborder les versants qui étaient à l'opposite. Et cela explique, par rapport à l'Europe, cette impulsion constante des grandes émigrations du nord-est au sud-ouest, position relative de la chaîne dorsale.

Quant aux sous-divisions de l'*Océanique*, nous sommes forcé de les emprunter aux principaux parallèles des cercles de latitude.

Il nous suffira donc ici de traduire typographiquement nos deux cartes de l'Océanide et de l'Atlantide, et de les réunir sous la forme générale de notre planisphère. Nous aurons ainsi, pour la première fois, un tableau de la classification méthodique des diverses régions du globe.

SURFACE DU GLOBE TERRESTRE.

BASSIN DE L'OCÉAN ALTANTIQUE, ATLANTIDE OU MONDE OCCIDENTAL.			BASSIN DE L'OCÉAN PACIFIQUE, OCÉANIDE OU MONDE ORIENTAL.		
VERSANT ORIENTAL DU NOUVEAU CONTINENT.	ATLANTIQUE.	VERSANT OCCIDENTAL DE L'ANCIEN CONTINENT.	VERSANT ORIENTAL DE L'ANCIEN CONTINENT.	OCÉANIQUE.	VERSANT OCCIDENTAL DU NOUVEAU CONTINENT.
	Région polaire arctique.				
	Groënland.				
	Nouv.-Sibérie.				
	Nouv.-Zemble.				
	Spitzberg, etc.				
Amérique du Nord.	*Région entre le cercle polaire arctique et le tropique du Cancer.*	*Asie.*		*Région entre le cercle polaire arctique et le tropique du Cancer.*	*Amérique du Nord.*
Cap Occidental.		Cap Oriental.			Cap Occidental.
Nouv.-Bretagne.	Islande.	Sibérie septentr.	Sibérie méridion.	Iles Diomède.	Amérique russe.
Etats-Unis.	Iles-Britanniq.	Mongolie occid.	Mandchourie.	Ile St.-Laurent.	Orégonie.
Texas.	Açores.	Turquestan.	Corée.	Iles Aléoutes.	Nouv.-Californie.
Mexique oriental.	Canaries.	Géorgie.	Mongolie orient.	Kouriles.	Mexique occident.
Guatémala or., etc.	Terre-Neuve.	Asie Mineure, etc.	Chine, etc.	Tchoka.	Guatémala oc., etc.
	Bermudes, etc.			Japon.	
		Europe.	Thibet.	Licou-Khieou.	
			Birmah.	Formose, etc.	
		Turquie.	Malacca.		
		Russie.	Hindoustan, etc.		
		Suède.			
		Danemark.	Afghanistan.		
		Allemagne.	Beloutchistan.		
		Hollande.	Perse, etc.		
		Belgique.			
Amérique du Sud.	*Région intertropicale.*	France, etc.		*Région intertropicale.*	*Amérique du Sud.*
			Afrique.		Nouv.-Grenade.
Vénézuéla.	Petites Antilles.			Micronésie.	Pérou.
Guyanes.	Gr. Antilles, etc.			Polynésie.	Chili, etc.
Brésil, etc.	Iles du cap Vert.	Abyssinie.	Angot.	Ceylan.	
	Annobon.	Kordofau.	Sçoumâl.	Bourbon.	
	Ste.-Hélène.	Nubie.	Gallas.	Madagascar, etc.	
		Egypte.	Cafrerie, etc.		
		Libye.			
		Barcah, etc.			
	Région entre le tropique du Capricorne et le cercle polaire antarctique.			*Région entre le tropique du Capricorne et le cercle polaire antarctique.*	
	Nouv.-Géorgie.			Nouv.-Hollande.	
	Malouines, etc.			Tasmanie.	
Cap Forward.	Terre de Feu.	Cap de Bonne-Espérance.		N.-Zélande, etc.	Cap Forward.
	Nouv.-Shetland.			*Région polaire antarctique.*	
	N.-Orcades, etc.			Terre de la Trin.	
				— Victoria.	
				— Adélie.	
				— Clarie.	
				— Sabrina.	
				— Enderby.	

Dans ce tableau, le lecteur a sous les yeux un aperçu des grandes divisions générales du globe, de celles de ses diverses parties et de ses États politiques actuels.

Jusqu'ici les limites de l'Orient et de l'Occident n'ayant point encore été déterminées avec exactitude, on plaçait, par exemple, l'Égypte, l'Asie Mineure, la Géorgie, l'Arménie, la Palestine, tantôt en Orient, tantôt en Occident. Le fait est que les trois premières appartiennent à l'Occident, l'Arménie à l'Orient. Quant à la Palestine, ce pays, assis sur les deux pentes des montagnes de Juda et d'Israël qui font partie de la dorsale du globe, participe à la fois des deux mondes. Sa position explique en partie son histoire.

Ce procédé met aussi en évidence une nouvelle observation géographique bien simple en elle-même, mais fort importante dans ses applications. On faisait des terres polaires deux continents isolés et comme indépendants du reste du globe; tandis qu'en réalité les terres Arctiques appartiennent au bassin de l'océan Atlantique et les terres Antarctiques à celui de l'océan Pacifique.

Il démontre également que les îles Britanniques n'appartiennent pas plus à l'Europe, que les îles du Japon à l'Asie, que Saint-Domingue à l'Amérique, et Madagascar à l'Afrique, pas plus au nouveau qu'à l'ancien continent; mais que, baignées par les eaux des deux océans opposés, elles font partie les unes de l'Atlantique, et les autres de l'Océanique, celles-ci de l'Océanide, celles-là de l'Atlantide. Ces déterminations sont loin d'être indifférentes.

Si, de ces simples faits géographiques, le lecteur voulait s'élever à quelques nouvelles considérations historiques, il ne remarquerait pas sans intérêt que les conditions politiques des peuples cantonnés sur le versant occidental du nouveau continent, dans les îles de l'Océanique et sur le versant oriental de l'ancien continent, c'est-à-dire dans le monde Oriental, ne sont point encore en ce moment établies d'une manière fixe et permanente, ou que leur ancien état constitutif est profondément troublé, et comme tendant à la dissolution, tandis qu'au contraire, dans les régions semblables du monde Occidental, tous les États ont des formes constitutives arrêtées, durables. Si des troubles politiques s'y manifestent parfois, ils n'ont réellement point pour principe la dissolution des empires ni des guerres internationales, mais le perfectionnement des institutions politiques, ou le refoulement des croyances opposées au catholicisme, deux grands faits corrélatifs.

Des guerres internationales, elles sont sans doute pour longtemps éteintes en Occident ; les peuples de l'Occident sont appelés à d'autres fonctions plus importantes ; et ceci nous amène à une dernière considération générale, qu'on nous permettra de consigner ici.

Trois religions principales se partagent actuellement les âmes humaines : le bouddhisme en Orient, le christianisme en Occident, et le mahométisme sur l'axe de séparation des deux mondes.

Or toutes trois posent en principe l'unité de Dieu.

Mais le bouddhisme n'est autre chose qu'un panthéisme mystique qui aspire à confondre, à annihiler la personnalité humaine dans l'essence de la divinité, qui s'absorbe elle-même dans le *nirvana ;* il est incomplet et périssable ; son expression est toute fantastique dans le dalaï-lama du Thibet. Le christianisme, au contraire, enseigne à l'homme à se perfectionner, à se rapprocher de plus en plus des perfections divines, pour qu'il puisse, au delà de cette vie mortelle, vivre éternellement dans sa personnalité, face à face avec Dieu, dans la possession éternelle de la vérité, le but constant de toute son activité sur la terre ; le christianisme est complet, impérissable, et la papauté est l'expression morale perpétuelle de son unité. Quant au mahométisme, il participe à la fois de l'un et de l'autre ; il tient à la fois du panthéisme et du spiritualisme. Composé d'éléments complexes, hétérogènes, sans liaison entre eux, il ne renferme point non plus de condition de durée ; il périra donc aussi. Son expression est toute matérielle dans le sulthan-calife, à la fois chef temporel et spirituel.

Cela posé, nous comprenons comment il se fait que le mahométisme se meurt sur les divans du sensualisme ; comment il se fait que le bouddhisme commence à s'envelopper de plus en plus dans son essence, le néant ; tandis que le christianisme, catholique comme la vérité éternelle que Jésus-Christ a révélée, après avoir conquis l'Occident, tend aujourd'hui par toutes les voies possibles de son activité intellectuelle religieuse, politique, industrielle et commerciale, même par l'intermédiaire des schismes qui se sont élevés dans son sein, à s'assimiler l'Orient, pour s'assimiler enfin le monde entier, dont ses héroïques missionnaires se sont déjà partagé la conquête morale. Quoi que l'on fasse pour empêcher cette fin, elle ne se réalisera pas moins, et par les moyens mêmes que la prétentieuse sagesse humaine croit pouvoir y opposer avec succès.

On conçoit en effet que ces grandes manifestations religieuses sont fondamentales dans la vie de chacun des deux mondes, comme dans celle de chacun des peuples qui y habitent ; elles y sont fondamentales, parce qu'elles sont les rapports psychologiques les plus élevés entre Dieu et l'humanité. On n'a peut-être pas assez compris que l'histoire de l'humanité est tout entière dans celle de ces trois grandes manifestations religieuses.

Faisant une dernière application de cette division naturelle de la surface du globe, nous indiquerons la marche à observer pour étudier avec fruit la géographie.

Si ce système est le seul naturel et le seul vrai, il est nécessairement exclusif ; toute vérité, en tant que charitable, peut être tolérante ; mais en tant que vérité, elle est nécessairement exclusive ; elle est parce qu'elle est. Ce système est un simple fait que nous constatons, et que nous présentons comme *l'unique base de l'enseignement méthodique élémentaire de la géographie.*

Dans tout système géographique imaginé par les hommes, on peut commencer l'étude de l'ensemble des superficies terrestres, par une contrée quelconque, et ordinairement on commence, comme dans l'enfance de la science, par son propre pays. De là on remonte de proche en proche vers les autres pays. Cette marche, on le conçoit, est d'autant plus vicieuse, qu'elle présente une apparence d'ordre qui n'existe point, en réalité, puisque, en procédant de cette manière, les dépendances naturelles de chaque partie ne peuvent être observées, et que la liaison et les rapports généraux demeurent inconnus ; donc point d'ensemble, point de méthode. Aussi l'étude de la géographie, l'une des plus importantes et des plus intéressantes, est-elle ordinairement considérée comme une étude très-secondaire et presque aussi frivole que fastidieuse.

Dans ce système naturel, il est un seul et unique point de départ, et il n'est pas donné à l'homme de ne pas commencer par ce point, car il est forcé et nécessaire. C'est celui où les deux mondes, les deux grands continents et les deux grands océans, se touchent et se croisent pour se diverger chacun selon des directions opposées.

Ce point de départ de toute étude géographique est au milieu du détroit de Béring, entre le cap Oriental qui est à l'extrémité nord-est de l'Asie et le cap Occidental qui est à l'extrémité nord-ouest de l'Amérique. Au nord, s'épanche l'océan Atlantique, et, au sud, l'océan Pacifique.

On pourrait le figurer de cette manière :

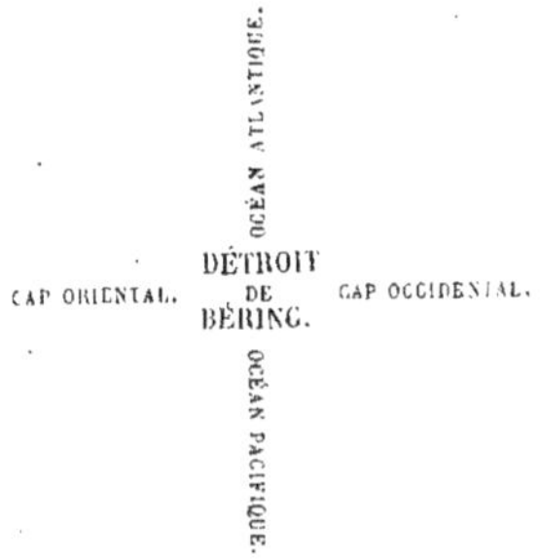

OCÉAN ATLANTIQUE.

CAP ORIENTAL.   DÉTROIT DE BÉRING.   CAP OCCIDENTAL.

OCÉAN PACIFIQUE.

De ce point de départ, la ligne dorsale du globe restant la limite d'intersection des deux mondes, les études géographiques se développent d'une manière méthodique, précise, lucide, en se dirigeant selon la dilatation en longueur et en largeur de l'une et de l'autre paroi de chacun des deux bassins, au fond desquels on visite ensuite toutes les îles.

Il semble que l'on puisse plus facilement étudier d'abord les deux parois contiguës d'un même continent, pour passer ensuite aux îles des deux océans. Mais cette marche, en apparence plus convenable, rompant l'unité du système naturel dans ses deux grandes divisions, nuirait au résultat des études, qui, pour être fructueuses, doivent procéder parallèlement à la méthode. Lorsque l'on possède bien ces classifications, on peut, à son gré, étudier une superficie quelconque, sans craindre de perdre de vue son rapport dans l'ensemble. Encore une fois, il faut avant tout avoir une idée bien nette de la configuration naturelle, de la physionomie générale de la surface entière, et désormais quelques heures suffisent pour obtenir ce résultat.

Si nous-même, nous avons réussi à donner dans cet aperçu une idée générale de l'ensemble de nos observations géographiques, nous tâcherons un autre jour de présenter cette méthode dans toute sa simplicité, dans toute sa grandeur, et d'y rapporter ensuite plus catégoriquement les sciences physiques et historiques, aux différentes époques de la vie intellectuelle, religieuse et politique des sociétés humaines, tant en Orient qu'en Occident. Nous exposerons plus complètement ce grand et fécond principe de géographie, et par là nous ouvrirons peut-être un champ nouveau, plus vaste et mieux déterminé, aux sévères investigations du savant et aux pieuses méditations du chrétien.

NOTES.

I.

Il serait curieux de passer en revue les grands travaux de géographie méthodique des Chinois, des Indiens, des Grecs et des Arabes ; mais nous n'avons pas actuellement tous les éléments nécessaires à ces études comparatives.

Parmi nous, c'est Marsigli, vers 1692, qui, le premier, considéra l'ensemble des montagnes comme l'ossature et la charpente du globe, et leurs lignes de faîte comme des lignes de partage d'eaux. Mais il circonscrivit ses applications à la description du bassin du Danube.

Philippe Buache reprit, en 1752, l'idée de Marsigli, et en enveloppa le globe entier, la surface qui est au fond de l'Océan, comme celle qui est au fond de l'atmosphère ; et il lia si intimement les chaînes de montagnes aux bassins généraux et particuliers, que montagnes et bassins ne formèrent plus qu'un seul tout indivisible. Ce système fut admis par les uns, qui en dégagèrent quelques faits hypothétiques, et rejeté par les autres, dont il contrariait infiniment les analyses moins complètes et les vues générales plus restreintes.

De nos jours, les deux plus puissants adversaires de ce système sont Malte-Brun et Ritter, qui y substituent le système des massifs et des plateaux, reliefs particuliers, centres isolés auxquels ils subordonnent tous les autres accidents de la surface.

Déjà plusieurs géographes ont prouvé que ce système ne coïncide pas entièrement avec les faits ; qu'il n'y a rien d'isolé dans l'ensemble, que chaque partie de la surface forme un seul corps, un seul individu, dont tous les membres sont dans une dépendance réciproque.

Ritter a dit : « Le *Harz* (système de montagnes de l'Allemagne) est situé comme une île au milieu de basses terres. »

M. Denaix démontre le contraire : « Si, dit-il, on prend la peine de remarquer que toutes les eaux qui en descendent sont, au nord et à l'est, des affluents de l'Elbe, à l'ouest et au sud, des affluents du Weser, formé de la Fulda et de la Werra ; on reconnaîtra que ce mont s'unit à un dos de pays fortement prononcé entre le comté d'Hohnstein et l'Eichsfeld ; d'où remontant entre Erfurt et Gotha, il va, peu après, se lier au Thuringerwald, et par conséquent au Fichtelberg, autre nœud très-remarquable sur le faîte principal du continent européen. Le Harz appartient donc à une ligne secondaire de partage des eaux, établissant la limite commune des bassins de l'Elbe et du Weser, et, par cette liaison, nous acquérons une idée de la dépendance géographique de ce mont, relativement à un réseau continu dont la contexture est formée de la manière la plus déterminée. »

Au reste, quand on regarde bien au fond de la théorie par le plateau, il n'est pas difficile de reconnaître qu'elle se détruit par elle-même.

« Les montagnes, dit Malte-Brun (livre xxxi), n'ont, en général, aucune direction exactement régulière ; les chaînes serpentent toujours et se perdent le plus souvent dans les plateaux. »

Personne ne conteste cette observation générale ; mais du moins si le savant auteur eût considéré plus attentivement l'ensemble des montagnes et de leurs directions, il eût pu remarquer, comme l'a fait M. A. de Humboldt, qu'il est des systèmes de montagnes qui se dirigent constamment de l'est à l'ouest ; qu'il en est d'autres encore du sud au nord ; alors nous ne pensons pas qu'il eût voulu ajouter ces mots : « Il n'est donc plus permis, en s'abandonnant à une vive imagination, de nous tracer des *chaînes terrestres* et *sous-marines*, une charpente du globe qui n'a point d'existence dans la nature. Il ne suffit point de voir sur une carte qu'il y a dans tel endroit un partage des eaux ; il y a beaucoup de partages d'eaux dans le monde qui n'offrent aucune trace de montagnes, mais seulement de longs plateaux qui s'élèvent en pente douce de côté et d'autre, souvent pendant l'espace d'une centaine de lieues. »

Mais en vérité, que sont-ce donc que de longs plateaux élevés au-dessus du sol pendant l'espace d'une centaine de lieues, sinon de larges filons soulevés en montagnes ou de hautes dunes formées par des atterrissements ?

Laissons le savant Ritter lui-même contrarier les idées oréographiques de Malte-Brun. D'abord le géographe allemand est moins exclusif : il admet une charpente du globe, toutefois avec une certaine réserve et comme à regret : « Si nous employons quelquefois, dit-il, l'expression de *charpente de la terre*, nous n'entendons pas indiquer par là la solidité, la cohésion supposées du globe, nous voulons seulement faire entendre que *la forme extérieure* a pour base une construction intérieure... et c'est dans ce sens que M. A. Humboldt a de nouveau employé ce mot. »

Ailleurs, Ritter ajoute : « *Quoique toutes les contrées de la terre soient réellement coupées par ces partages d'eaux*, cette division pourtant ne peut nous représenter la nature même de la formation des individus de la terre. Cette formation consiste seulement dans l'élévation, dans la saillie de l'ensemble de leur masse. Indépendante du cours des fleuves actuels qui n'a exercé son influence que sur la surface, elle ne peut être observée et comprise que par le contraste des hauteurs et des profondeurs absolues, comparées à toutes les parties du monde. Il fallait que la forme saillante et primitive de la terre existât avant que la loi d'irrigation pût en modeler la surface. » (*Die Erdkunde*, Afr., 43 et 40.)

Certes, personne ne conteste non plus à Ritter qu'il fallût que la forme saillante de la terre existât avant que les eaux courantes vinssent arroser sa surface et achever de la modeler. Mais il convient plus haut que la forme extérieure révèle la forme intérieure ; donc, en vertu même de ce principe, les lignes du partage des eaux, qu'il reconnaît dans toutes les contrées, et la charpente de la terre qu'il reconnaît également en principe, constituent la base primitive du globe terrestre ; donc, ce n'est pas seulement, comme il le dit, dans la saillie de l'ensemble de sa masse ou dans le contraste des hauteurs absolues et comparées des pièces de la charpente, qu'il est donné de comprendre et de décrire la surface de la terre ; c'est encore dans l'assemblage, la cohésion et l'importance absolue de ces pièces qu'il faut envisager la structure de l'édifice, au-dessous comme au-dessus du sol.

Les faits avancés par Ritter infirment donc les dénégations de Malte-Brun, et la combinaison qu'il en fait pour son propre système implique contradiction, ou est un non-sens.

Aussi, en dépit de la théorie des plateaux, la vérité reprend ses droits, lorsque pour tracer les divisions naturelles des superficies terrestres, on voit Malte-Brun et Ritter être obligés de prendre pour bases les lignes de partage des eaux.

Quelles que soient les erreurs fondamentales que nous ayons cru reconnaître dans les ouvrages de Malte-Brun et de Ritter, ces deux illustres géographes n'en ont pas moins des titres impérissables à la reconnaissance et à la vénération des hommes. On dit que l'un est un écrivain plus brillant que profond, plus gracieux que vrai, et qu'il a eu le bonheur d'avoir pour continuateur M. Huot, homme de savoir et de goût ; mais que personne ne pourra jamais lui ravir la gloire d'avoir le premier rendu la géographie lisible en France. L'autre a des qualités opposées : c'est un écrivain très-méthodique, plus profond que brillant, plus vrai que gracieux ; il est même parfois d'une lecture pénible ; mais son travail est le plus complet que l'on possède, et c'est à lui que nous devons la *Géographie rationnelle*, c'est-à-dire l'étude de la terre dans ses rapports avec la nature et l'histoire de l'homme. Il a invinciblement démontré que toute étude géographique qui ne se propose point ce but final est une absurdité.

Il faut pourtant bien l'avouer, il y a au fond du système de Buache deux erreurs principales qui ont dû engager à le rejeter. La première est celle par laquelle il cherche à établir que les lignes de partage des eaux coïncident toujours avec les plus hautes chaînes de montagnes ; la seconde consiste dans l'assertion que là où se trouve un partage d'eaux, là doit se trouver aussi de hautes montagnes. Or, en réalité, les plus hautes chaînes de montagnes sont rarement celles où passent les principales lignes de partage, et ces lignes filent assez souvent par de très-faibles éminences. Il résultait donc de la théorie de Buache, que tous les continents étaient surchargés de chaînes de montagnes qui n'existaient que dans son imagination et sur ses cartes. Malgré ces erreurs, les grandes vues géographiques de ce savant français ont puissamment contribué aux progrès de la science.

On reconnaît dans les beaux ouvrages de MM. de Walkenaer et d'Aubuisson et dans ceux de tous les géologues, l'influence des erreurs de Buache : les plus hautes montagnes y sont classées au premier rang, les moindres au deuxième, au troisième, etc. Cette classification d'après les hauteurs détruit forcément l'unité du système naturel, et est peut-être la cause principale de l'impossibilité où se sont trouvés tous les géologues d'établir une classification méthodique satisfaisante. Nous pensons que c'est par les lignes horizontales qui passent à leur faîte et par les formes sous lesquelles elles se présentent, et qui révèlent ordinairement l'époque de leur formation et la nature de leur composition, et non d'après leur hauteur, qu'il fallait les classer.

Cependant les observations de MM. Élie de Beaumont et de Humboldt semblaient confirmer les idées générales de Buache, dont le système était si fort ébranlé.

M. Denaix vint qui, portant ses observations sur le système naturel des montagnes et des eaux, construisit une nouvelle théorie des formes extérieures de la terre (*Traité de géographie méthodique et comparative de géographie*, Paris, 1827 et 1855.) (1)

Voici l'exposé qu'il en fait :

« Nous venons, dit-il, de faire connaître que dans tout continent, comme dans

____

(1) A cette époque, MM. Vivien et Bailleul publiaient un ouvrage où sont développées les mêmes idées que celles de M. Denaix.

chaque île, il existe entre les points les plus distants, une communication continue par laquelle on peut se rendre d'une extrémité à l'autre, sans traverser ni fleuves, ni rivières, ni ruisseaux.

« A cette arête non interrompue établissant une première division de versants généraux, et réunissant la majeure partie des points culminants, nous donnons le nom de DORSALE.

« De part et d'autre d'une dorsale ou du faîte d'un continent ou d'une île, les eaux par leur chute creusent des sillons qui descendent jusqu'aux pieds des versants. Ces sillons divisent le massif principal en massifs particuliers ou rameaux disposés à peu près comme, dans un quadrupède, les côtes le sont à l'égard de l'épine du dos.

« En raison de l'analogie, le nom de COSTALE est celui par lequel nous caractérisons ces arêtes ou faîtes du deuxième ordre.

« Les costales ne s'étendent pas toutes depuis l'arête principale où elles ont leur origine, jusqu'aux rivages de la mer ; souvent elles aboutissent à de grandes vallées, entre lesquelles elles projettent des branches ; plus souvent encore, elles se perdent ou se terminent entre des affluents.

« De ces observations générales, nous sommes amenés à reconnaître qu'il y a des costales de plusieurs degrés. Et en effet, il se détache d'une dorsale un grand nombre d'arêtes transversales qui établissent des limites, non-seulement entre les bassins particuliers, constitués ou par les envahissements de la mer dans l'intérieur des terres, ou par les extensions des terres dans la mer, mais aussi entre les bassins des fleuves, des ruisseaux qui prennent leur source au-dessous d'une arête dorsale. »

« Pour différencier toutes ces costales entre elles, continue l'auteur, nous sommes dans la nécessité de déterminer leur importance relative par des qualifications simples ou complexes, propres à indiquer les divisions qu'elles opèrent dans les parties dont se compose la superficie totale d'un continent ou d'une île.

« A cet effet, nous la partageons d'abord en deux classes principales. Dans la première, celle des COSTALES MAGISTRALES (s'étendant de la dorsale au rivage de la mer) ; nous nous servons des épithètes *sub-océanique, maritime, sub-maritime, golféenne, sub-golféenne, fluviale*, pour caractériser celles de ces costales qui établissent les limites de ces subdivisions de l'Océan ou des mers, considérées soit dans leur ensemble, soit dans leurs parties, y compris les bassins fluviatiles. Dans la seconde, celle des COSTALES INTERCURRENTES (lesquelles ne se prolongent pas jusqu'aux littoraux maritimes) ; nous ajoutons à leur dénomination commune les adjectifs simples ou composés, *amnisienne, rivusienne, rivulusienne*, selon qu'elles s'étendent ou entre des rivières, ou entre des ruisseaux, ou entre des ruisselets de même ordre, ou de degré différent comme affluents.

« Les branches qui partent des costales projettent elles-mêmes d'autres branches qui successivement se ramifient, et dont les rameaux s'épanouissent sur la surface des continents, en reproduisant, mais avec des variétés qui leur sont propres, les formes multifides des végétaux.

« Des costales naissent les *sous-costales*; de celles-ci les *rami-costales*; viennent ensuite les *ramuli-costales* et en dernier lieu les *ramusculi-costales*, après lesquelles on ne trouve plus que des *ramilles*. Les ramusculi-costales donnant un embranchement de cinquième ordre relativement à la dorsale, les ramilles, prime, seconde, tierce et quarte donnent des ramifications du sixième, du septième, du huitième et du neuvième degré.

« Il est encore à remarquer que les costales et les dorsales parfois se bifurquent ou pour former des bassins intérieurs, ou pour établir des sous-divisions de même ordre et de même importance. Dans le premier cas, nous faisons précéder le nom générique de la particule *bi* ; dans le second, nous empruntons la dénomination d'*antennale* pour caractériser la parité des fonctions de bifurcations.

« Nous avons ainsi des *bi-dorsales* et des *antenno-dorsales*, ainsi que des *bi-costales* et des *antenno-costales*. »

En continuant ainsi de sous-division en sous-division, l'auteur applique à ses sections nouvelles les termes de *troncal, ripuaire, aortal, médial, digital, cubital, incise, pariétal, connectif, abdominal*, etc.

Tels sont les principes établis par M. Denaix. On a pu remarquer que, quelles que soient l'exactitude des divisions qui en sont la conséquence, et la précision des termes scientifiques qui en composent la nomenclature, cette théorie, reposant sur les lignes oréographiques et sur les lignes hydrographiques considérées dans leurs relations mutuelles, ne nous permet pas d'étudier le fleuve et la montagne comme des individus distincts, ni de porter un regard indépendant et absolu sur l'ensemble des formes du grand corps, sans rompre les bases de cette théorie, sans détruire la théorie même.

Et c'est là, selon nous, son défaut capital. Quant à la nomenclature, comme elle participe nécessairement de ces deux éléments constitutifs, elle devient extrêmement compliquée dans les subdivisions, et ses termes scientifiques se compliqueront encore en s'ajoutant aux dénominations locales vulgaires.

Et puis ces termes scientifiques déduits de la comparaison des formes terrestres avec celles de certaines parties qui entrent dans la structure des quadrupèdes, des végétaux ou d'autres objets, éveillent nécessairement, dans l'assemblage de ces éléments divers, l'idéal d'un être bizarre, difficile à bien saisir.

L'auteur n'en a pas moins rendu un immense service à la science en éliminant, pour la première fois, quelques faits matériels qui s'opposaient à la réalisation d'une méthode géographique. Car nous croyons qu'aussi longtemps que l'on ne considérera pas la ligne oréologique pure comme l'unique base des divisions de la surface de la terre, on pourra bien construire un certain système, établir une certaine méthode, formuler une certaine théorie, mais la vraie théorie, la vraie méthode, le vrai système, nous ne le pensons pas ; car c'est la charpente du globe et le système des saillies de sa surface qui en ont préparé toutes les dimensions configuratives, avant que les eaux ne tombent sur les cimes des montagnes, que les fleuves ne jaillissent de leurs flancs, et n'achèvent, par l'érosion des vallées et par le transport des terres, indépendamment des autres causes physiques ou chimiques, de donner à la surface émergée du globe les formes qu'elle revêt aujourd'hui.

II.

La dorsale du globe avait déjà été observée par les géographes de l'antiquité, bien entendu dans le rapport de leurs connaissances géographiques, qui étaient fort restreintes. Les Brahmanes l'avaient signalée, et le grec Dicéarque la nommait le *diaphragme* de la terre habitée. (*Voyez* A. de Humboldt, *Asie centrale*, Paris, 1843, tome Ier, pages 23 et 120.)

De nos jours, la terre étant plus complétement découverte, quelques géographes européens ont de nouveau fixé leur attention sur la dorsale du globe, mais sans en tirer aucune conséquence remarquable. Ainsi ce grand phénomène hypsographique continu, dont la présence influe à un si haut degré sur l'étude de la terre et sur celle de l'homme, était comme une lettre morte, comme une sorte de curiosité géographique de peu d'importance et presque stérile. Malte-Brun en a donné une idée générale fort juste (livre 173) ; mais il n'en a point fait d'applications.

M. Cortambert, dans sa *Physiographie de la terre*, suppose qu'elle se divise en Asie en deux branches qui entourent le prétendu plateau central. La chaîne primordiale est donc ici méconnue dans la simplicité de son développement.

M. A. de Humboldt, dans son admirable ouvrage sur l'*Asie centrale*, suit le *diaphragme* de Dicéarque, depuis le Taurus jusqu'à l'extrémité orientale du Kouen-Lun, d'où il continuerait à l'est par les 54° ½ et 35° de latitude jusque vers Nan-King. (Tome Ier, p. 194.) Mais ce n'est plus là la direction de la Cordilière centrale. Cette Cordilière remonte au nord par le Nan-Chan, le Ho-Lan-Chan, l'In-Chan, le Khing-Kaï et les hauteurs de Kéroulun jusqu'au massif de Kenteï.

Observant cette suite de montagnes, il les a décrites avec soin, non point comme des anneaux de la chaîne dorsale, comme la grande ligne de construction du système oréographique de l'Asie centrale, mais comme de simples éléments du système général qu'il établit. Par conséquent, ce système ne nous paraît ni fondé en principe, ni complet, et les savantes observations que l'auteur a faites ne nous paraissent point avoir pu être mises dans leur vrai jour.

Arrivé au grand nœud de Kenteï, en Daourie, M. A. de Humboldt ne peut plus suivre la trace de ce système : « Nous voilà, dit-il, parvenus au point où, par le croisement de plusieurs systèmes, surtout par l'apparition d'arêtes dans la direction sud sud-ouest, nord-nord-est, les traits les plus saillants de la forme du relief s'embrouillent aux yeux du géologue. »

Néanmoins, la force des choses fait particulièrement distinguer au grand géographe le Jablonoï-et Stanovoï-Khrebet, qui fait partie de la dorsale asiatique. Il remarque que « cette chaîne, d'après une observation ingénieuse de Messerschmidt et Pallas, est d'une haute et mystérieuse importance pour les lois qui règlent la distribution des êtres organiques. Dans la Daourie, à la pente orientale de cette arête, reparaissent à la fois les chênes, le noisetier, les écrevisses et les carpes qui manquent dans toute la Sibérie, depuis la pente occidentale de l'Oural. » Il ajoute ces mots remarquables : « *Des considérations de température et de climat ne suffisent pas pour expliquer ce phénomène.* » C'est qu'en effet la chaîne dorsale tranche toute la surface de la terre en deux grandes régions physiques différentes, mais harmonisées par leurs différences même dans l'unité de la création.

— En Afrique, la région moyenne est inconnue ; mais, dit M. d'Avezac, « le relief dorsal qui trace la démarcation commune entre les bassins des deux océans offre, selon toute apparence, vers le point où naissent d'une part le Kouâma ou Zambêzé, et de l'autre le Kouanza et le Kouango, un grand nœud austral, dont l'élévation des terrasses inférieures doit faire estimer la hauteur fort considérable. Les montagnes de Loupata qui n'atteignent guère qu'un maximum de 2,000 mètres, et celles de Congo dont l'altitude a été fort exagérée, semblent former, à l'est et à l'ouest, des chaînons collatéraux à l'axe central. » (*Esquisse générale de l'Afrique*, page 20; Paris, 1857.)

— Elle est vraiment singulière l'analogie qui existe entre la structure et les fonctions du corps de la terre, et la structure et les fonctions du corps de l'animal. En effet, le squelette de la terre est, comme celui de l'animal, composé de deux moitiés pareilles accolées par la carène dorsale. Lorsque la nature oublie d'accomplir cette réunion dièdre, de bien caractériser ce diaphragme, il en résulte, dans l'un et dans l'autre, des formes extraordinaires difficiles à observer et à décrire.

De cette saillie principale rayonne sur la terre des côtes rocheuses, disposés à peu près de la même manière que les côtes osseuses dans le corps de l'animal. L'appareil rocheux sert à protéger, à favoriser les forces végétatives, comme l'appareil osseux les principaux organes de la vie et du mouvement. Dans l'un et dans l'autre les différentes pièces s'emboîtent, s'articulent, se croisent par des modes variés et appropriés à diverses fins semblables.

Entre ces pièces se trouve enchâssée dans l'un la chair, et dans l'autre la terre meuble, et les eaux circulent et serpentent dans des canaux naturels, comme le sang dans les veines, pour entretenir la vie.

La charpente osseuse dessine si bien l'organisme, qu'elle suffit pour révéler l'espèce, les mœurs et les habitudes des animaux qui ont disparu depuis longtemps de la surface du globe, et dont on a judicieusement comparé les ossements aux médailles, à l'aide desquelles on apprécie les temps antiques. De même, la charpente rocheuse détermine si bien les formes extérieures de la terre, que leur aspect seul peut suffire pour nous permettre de préciser assez exactement leur caractère géologique, l'époque de leur formation et les fonctions particulières qu'elles remplissent dans l'ensemble des fonctions de la masse entière.

Nous ne pousserons pas plus loin cette comparaison, car elle nous conduirait à montrer les rapports généraux des phénomènes qui se manifestent entre les deux côtés symétriques du grand corps de la terre et les deux côtés symétriques de celui de l'animal ; à établir que dans l'individualité terrestre comme dans l'individualité animale, si le développement de la création s'accomplit pondérativement en commun sur chacun des deux côtés, l'arête dorsale où se réunissent ces côtés dans l'un et dans l'autre corps paraît être l'organe le plus puissant de cette manifestation successive de la création et comme le centre où aboutissent et d'où partent incessamment les principales influences de la vie. Nous en avons dit un mot aux pages 16 et 17 ; mais il faudrait bien d'autres éléments pour essayer de constater un fait semblable ; et tel n'est point l'objet de cette note.

III.

On a dit : « Il est impossible de classer les objets nombreux dont se compose la géographie physique, en ordres, en groupes aussi distincts, ayant des caractères aussi tranchés que ceux qui servent à diviser en familles les minéraux et les êtres organisés. Dans les premiers, tout se confond par des nuances insensibles et multipliées à l'infini : ainsi tout ce qui a rapport aux théories de la terre, aux divisions des météores, à celle de l'eau liquide en sources, torrents, ruisseaux, rivières, fleuves et lacs, aux définitions des montagnes de différents ordres (pris dans leurs hauteurs comparées), des terrains de différentes formations, etc., quoique basé sur des faits incontestables, ne présente point des caractères généraux, constants et faciles à saisir, comme les minéraux, les plantes et les animaux. Ces êtres peuvent se diviser en genres, en espèces. Il n'y a ni famille, ni genre, ni espèce en géographie physique ; les objets y sont isolés ; ils présentent des caractères qui leur sont propres, et demandent à être décrits en particulier ; ils ne peuvent être réunis : le mode de classification qui convient aux uns ne peut convenir aux autres. »

Telles sont en effet les difficultés radicales qui se présentent au premier aspect lorsque l'on veut procéder à une classification dont tous les degrés soient subordonnés entre eux et par rapport à un fait primordial. Ces difficultés sont de leur nature insurmontables , et la question n'est point soluble avec de tels éléments.

De quoi s'agit-il donc en réalité ? De classer les différentes parties de la terre d'après leur nature ? Non, mais simplement d'après leurs positions respectives. Or ces positions sont naturellement déterminées par les lignes de faîte de toutes les hauteurs. Il ne restait donc qu'à chercher, parmi toutes ces lignes, celle qui de sa nature est primordiale. Alors toutes les autres prenaient successivement leur rang selon leur dépendance plus ou moins éloignée de la première, prise comme base, et le système naturel de la surface du globe se déterminait immédiatement dans son ensemble et ses détails. Or, cette base ne peut être que la dorsale même du globe.

Si donc nous lui assignons le premier rang, les arêtes qui s'en dégagent sont de deuxième ordre ; celles qui rayonnent de celles-ci sont de troisième ordre, et ainsi de suite, jusqu'aux extrêmes ramifications d'une même ligne oréographique qui part de cette dorsale. La même classification se répète à toutes les arêtes qui ont une même origine.

Maintenant, comment toutes les parties de la surface opaque ou liquide vont-elles se trouver classées dans ce système ? Mais d'une manière fort simple : elles garderont le rang qu'elles ont dans leurs positions relatives. Les montagnes, les vallées, les plaines, les eaux courantes, les eaux lacustres, les océans, les mers, toutes les contrées, toutes les régions, toutes les parties de la surface conserveront dans cette classification l'ordre de la ligne oréographique immédiatement supérieure dont elles dépendent.

Ainsi , par exemple , les deux grandes vallées océaniques contiguës par la ligne dorsale seront de premier ordre. Il en sera de même de ces vallées considérées comme bassins maritimes, ainsi que de leurs versants émergés, depuis l'arête dorsale jusqu'aux rivages maritimes.

Tous les cours d'eaux qui ont leurs sources dans les pentes de la chaîne dorsale, seront aussi de premier ordre , soit comme cours d'eaux principaux , soit comme affluents, et leurs bassins fluviatiles seront également de premier ordre.

Il en sera de même de tous les bassins lacustres et des cours d'eau qui s'y rendent de la chaîne dorsale : ils seront également, quelle que soit leur grandeur, de premier ordre.

On conçoit qu'en procédant de la même manière pour toutes les autres parties de la terre , ainsi subordonnées jusque dans leurs divisions extrêmes , il ne resterait pas une seule ligne, pas un seul point qui ne fût classé méthodiquement, c'est-à-dire selon sa position relative dans le système naturel de la configuration de toute la surface terrestre; et que, quelle que soit la ténuité des divisions, il serait toujours possible de remonter des dernières à la première, d'où elles tirent primitivement leur origine.

On conçoit aussi qu'il n'est pas un seul fait physique, un seul genre, une seule espèce, un seul individu, de la nature organique ou inorganique, qui n'ait, dans cette classification géographique, sa place parfaitement déterminée, et qui n'y trouve peut-être sa raison générique, spécifique ou individuelle.

Au reste, on serait toujours libre de s'arrêter aux subdivisions qui paraîtraient suffisantes dans le rapport des classifications que l'on aurait à faire, des considérations que l'on voudrait porter sur toutes ou sur l'une quelconque des sciences humaines envisagées sous leur point de vue géographique.

Ce principe méthodique, que nous émettons d'une manière générale, subira sans doute dans son application des modifications de détail, sur lesquelles nous ne pouvons ici porter notre attention particulière.

Quant à la nomenclature de ce système, nous ne voyons point la nécessité de chercher d'autres termes que ceux de premier, deuxième, troisième, etc., ordre On conserverait d'ailleurs à chaque partie, à chaque division, les noms vulgaires, qui sont ordinairement plus significatifs, plus pittoresques que toute dénomination scientifique.

Sous un autre rapport, certaines dénominations plus littéraires que scientifiques, plus poétiques que précises, disparaîtraient également de la langue géographique. Par exemple, les termes : *fleuve*, *rivière*, *ruisseau*, *ruisselet*, *fontaine*, rappelant essentiellement une idée de grandeur relative, n'ont rien à faire dans une classification fondée simplement sur la dépendance mutuelle de toutes les parties de la surface terraquée.

Au fait, méthodiquement parlant, ce ne serait point là une perte réelle, car tous les efforts que l'on a faits pour définir ces termes avec quelque précision ont été infructueux. D'après toutes les définitions que l'on en a données, la *fontaine*, le *ruisselet*, le *ruisseau*, la *rivière*, le *fleuve*, ont tous une propriété commune, par laquelle on prétend néanmoins les distinguer : cette propriété commune consiste en ce qu'ils peuvent tous se rendre à la mer. Sous un autre point de vue, le *fleuve*, pour rester *fleuve*, doit conserver son nom jusqu'à la mer ; mais à ce titre, la plupart des fleuves de l'Asie cesseraient d'être fleuves, car ils changent maintes fois de noms dans leurs cours.

Et puis, sous le rapport de l'idée de grandeur, comme cette grandeur n'est que relative, le plus mince filet d'eau peut être un fleuve, comme un fleuve peut n'être qu'un très-faible cours d'eau, selon le point de vue sous lequel on les envisage.

Il y a bien encore l'idée de *navigable*; mais cette idée complique la question sans l'élucider, et d'ailleurs, cette idée, supposant la présence de l'homme, ne peut entrer dans une théorie qui doit rester purement physique.

En un mot, sous quelque rapport qu'on les considère, ces termes ne paraissent pas pouvoir faire partie d'une nomenclature méthodique ; laissons-les donc à l'usage de l'art et de la littérature, auxquels la géographie les avait empruntés.

Paris. — Imprimerie SCHNEIDER et LANGRAND, rue d'Erfurth.

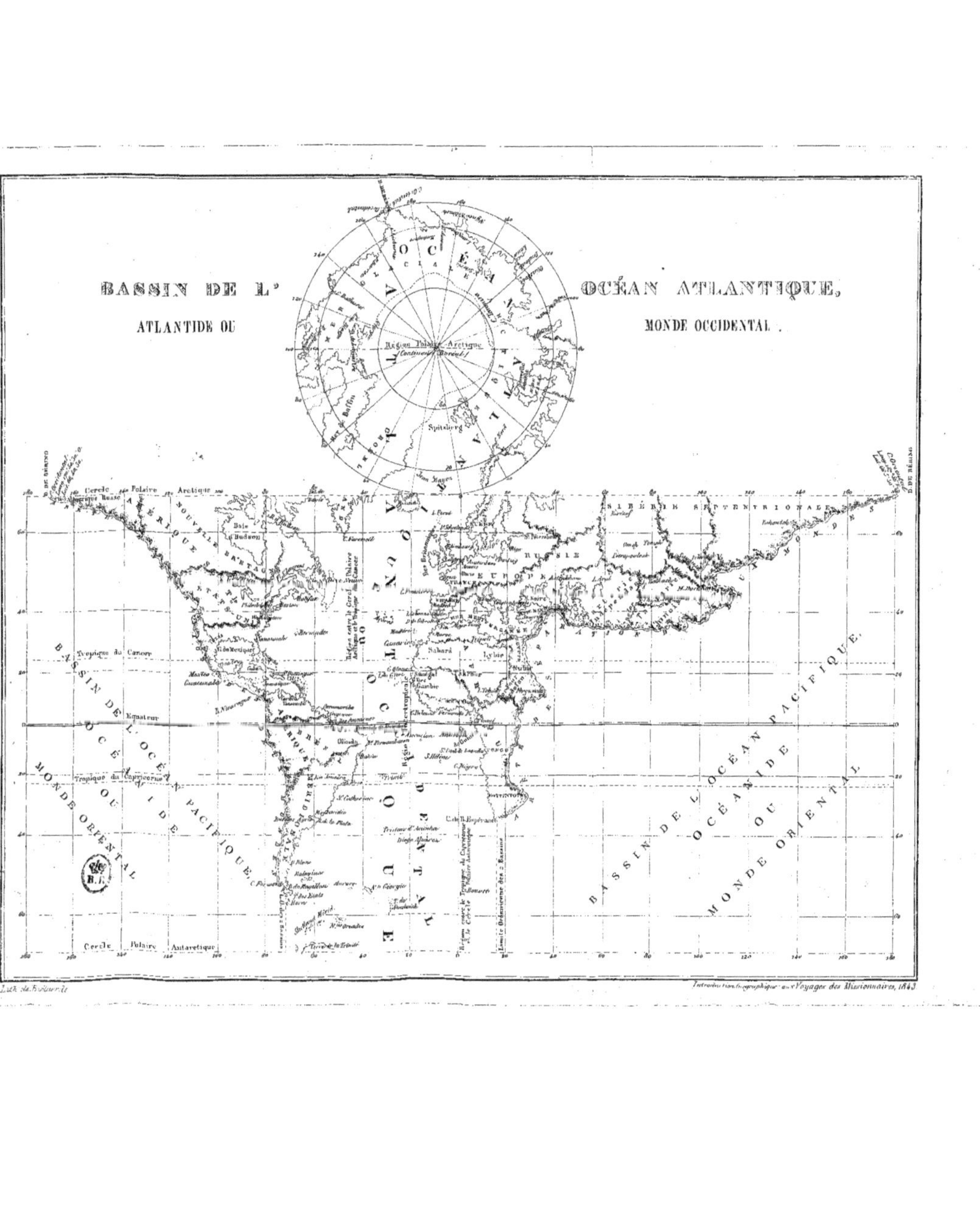

Introduction géographique aux Voyages des Missionnaires, 1843

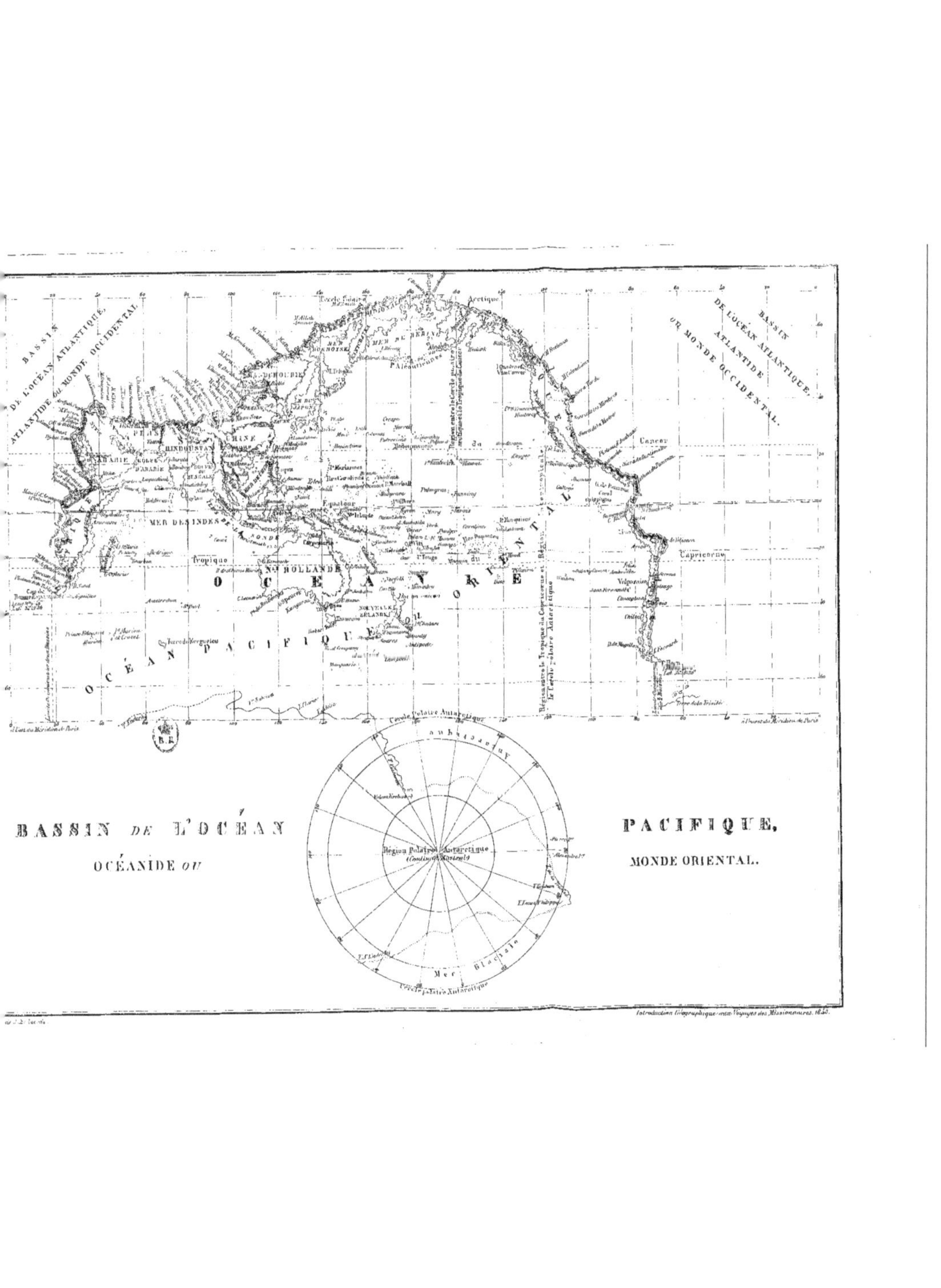

BASSIN DE L'OCÉAN

OCÉANIDE OU

PACIFIQUE,

MONDE ORIENTAL.

PLANISPHÈRE.

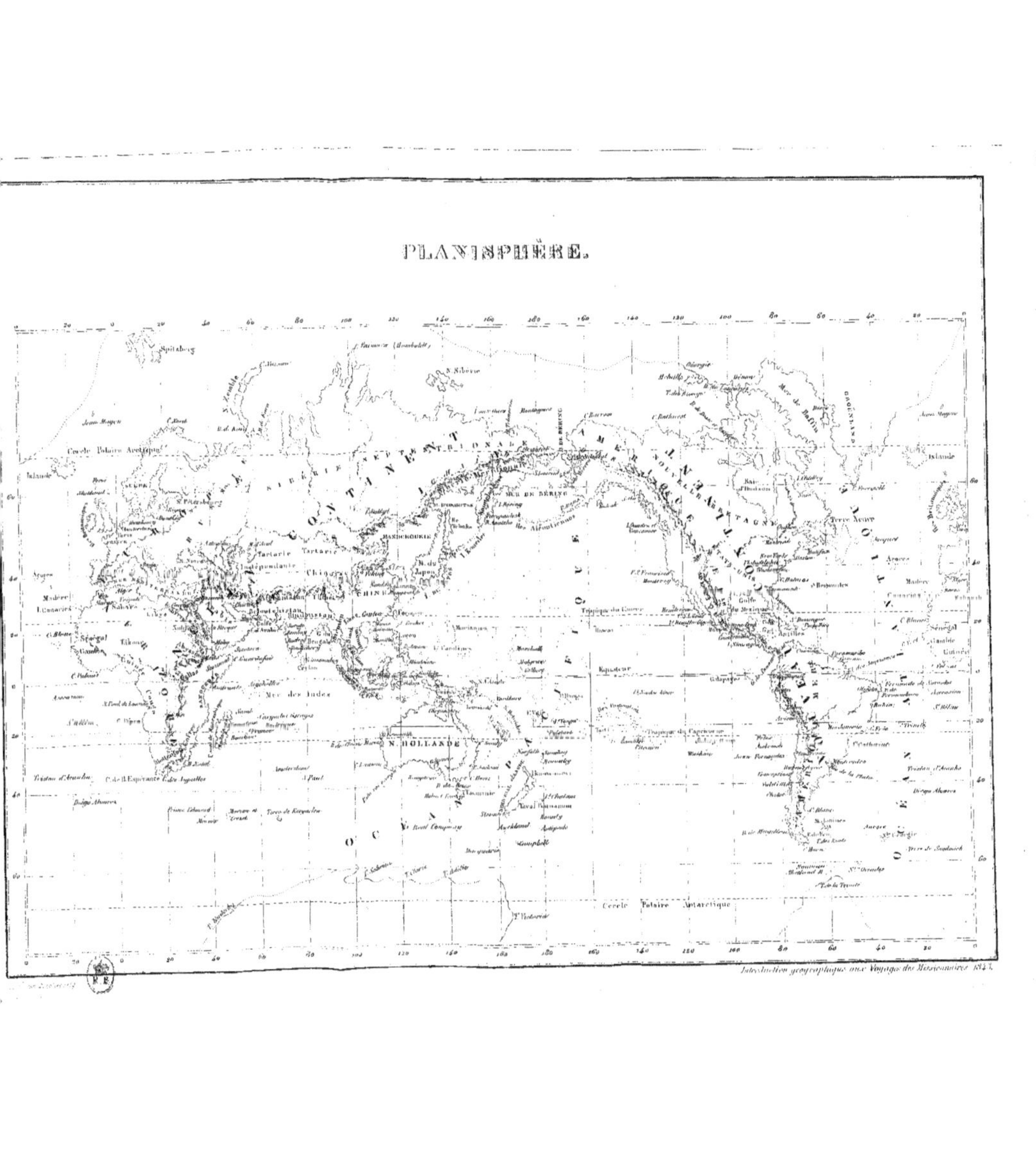